S237   Santos, Mariana, 1997-

A Responsabilidade Civil como instituto garantidor frente aos testes clínicos com seres humanos/ Santos, Mariana – 1.ed. Belo Horizonte, Edição Independente, 2021.

ISBN: 979-84-924-9406-3

Selo editorial: Independently published

1. Código Civil. Responsabilidade Civil. Testes Clínicos em seres humanos.

Ficha catalográfica desenvolvida por Mariana Cardoso Penido dos Santos.

Mariana Cardoso Penido dos Santos

A RESPONSABILIDADE CIVIL COMO INSTITUTO GARANTIDOR FRENTE AOS TESTES CLÍNICOS COM SERES HUMANOS

Belo Horizonte

2021

RESUMO

O presente artigo tem como objeto de estudo verificar a aplicabilidade do instituto da responsabilidade civil frente aos experimentos científicos em seres humanos, observando os ditames da Constituição Federal, do Código Civil, do Código de Ética Médica, do Código de Defesa do Consumidor e das resoluções nº 196/96 e 466/2012. Têm-se como objetivo demonstrar que caso ocorra um ato ilícito que se qualifique dentro dos pressupostos do Código Civil, ocasionados pelas pesquisas médicas, seja intencional ou não, mesmo que previstos no Termo de Consentimento Livre e Esclarecido, acionar-se-á a responsabilidade civil com o escopo de indenizar os participantes por danos morais e/ou materiais. A metodologia empregada se deu por meio de pesquisas de natureza bibliográfica, livros, análise de legislações e artigos da área jurídica da saúde e cível. Concluiu-se que o Código Civil será empregado frente ao ato ilícito cometido pelo pesquisador, pelas instituições e pelos patrocinadores dentro das pesquisas com seres humanos, sendo que o primeiro terá responsabilidade subjetiva quando comprovada a culpa e, os outros dois, terão responsabilidade objetiva bastando ter o dano e o nexo causal. Contudo, todos serão responsáveis solidariamente se demandados pelo(s) participante(s).

Palavras-chave: Código Civil. Responsabilidade Civil. Testes Clínicos em seres humanos.

ABSTRACT

This article aims to study the applicability of the civil liability institute in relation to scientific experiments on human beings, observing the dictates of the Federal Constitution, Civil Code, Code of Medical Ethics, Consumer Protection Code and the resolutions n° 196/96 and 466/2012. The goal is to demonstrate that in the event of an unlawful act that qualifies within the assumptions of the Civil Code, caused by medical research, whether intentional or not, even if provided for in the Free and Informed Consent Term, the civil liability will be triggered with the scope of indemnifying the participants for moral and/or material damages. The methodology used was through bibliographic research, books, analysis of legislation and articles in the legal area of health and civil. It was concluded that the Civil Code will be used against the unlawful act committed by the researcher, by institutions and by sponsors within research involving human beings, the first will have subjective responsibility when guilt is proven, and the other two will have sufficient objective responsibility have the damage and the causal link, but all will be jointly and severally liable if demanded by the participant(s).

Keywords: Civil Code. Civil responsibility. Clinical Tests on Humans.

INTRODUÇÃO

Desde os primórdios, o homem fomentou discussões no âmbito político, social e econômico. Assim, o desenvolvimento da tecnologia veio com o intento de complementar e ajudar os indivíduos a solucionarem questões que antes não eram factíveis "a olho nu". Os cientistas passaram a ser detentores do conhecimento científico-tecnológico e começaram a utilizá-los de forma equivocada, tendo em conta que impulsionaram um cenário no qual as pessoas eram submetidas a condições degradantes como "cobaias humanas". Em decorrência disto, criou-se alguns institutos com o objetivo de proteger os cidadãos e estabelecer diretrizes éticas e normativas que deverão ser seguidas pelos profissionais que possuem tais conhecimentos. Ademais, os códigos e as resoluções originaram-se por conta destes fatores históricos, tendo como escopo tutelar a execução da biotecnologia frente as pesquisas com seres humanos, a fim de garantir que não acontecerá mais nenhuma transgressão dentro dos experimentos científicos.

Nesse contexto, denota-se que o Código Civil é de suma importância desde a primeira compilação, pois orienta e regulamenta as relações privadas frente as condições fáticas-probatórias. Por isso, infere-se que o referido Código, por meio do instituto da responsabilidade civil, salvaguardará os pacientes dentro das pesquisas médicas quando ocorrer algum dano ou lesão, mesmo que haja previsibilidade destes no Termo de Consentimento Livre e Esclarecido, não podendo os envolvidos na pesquisa escusarem-se frente ao cometimento do ato ilícito. Destarte, o instituto citado a pouco será o objeto de estudo, precipuamente quando estiver inserido nos testes clínicos realizados com seres humanos.

CAPÍTULO I- UMA BREVE EVOLUÇÃO HISTÓRICA A CAMINHO DAS PRERROGATIVAS DO ESTADO DEMOCRÁTICO DE DIREITO

Com o passar dos anos, difundiu-se uma grande discussão a respeito da evolução do Estado Democrático de Direito. Aristóteles (2011, p. 71), que foi um dos pilares sobre este assunto, evidencia que o homem possui um papel central dentro da *Pólis*, sendo o único ser a possuir três almas: vegetativa, sensitiva e racional (CAMPOS, 2017). A primeira alma é própria das plantas, isto é, as plantas crescem, são nutridas, se reproduzem, mas não podem mover-se, nem ter sensações. Já a segunda alma é direcionada para os animais, no qual permite que estes tenham percepção, mobilidade, prazer e dor. A terceira alma é exclusiva dos indivíduos, tendo como função basilar o pensamento, a racionalidade (GALUPPO, 2017). Dessa forma, subentende-se que o *homo sapiens* (RIBEIRO, 2020) não é somente um ser mais evoluído dos que os outros seres vivos, mas também é capaz de manipular o meio em que vive em benefício próprio ou daquela comunidade que corrobora com os mesmos pensamentos e estilos de vida.

Não obstante a isso, os contratualistas, entre os séculos XVI e XVII (SABEDORIA POLÍTICA, 2016), trouxeram debates filosóficos acerca das atitudes dos indivíduos quando encontram-se inseridos no "estado de natureza", em que não há algo ou alguém que possa coibir os instintos. No referido estado, "não havia leis ou normas sociais, governos ou obrigações políticas entre governantes e governados" (SABEDORIA POLÍTICA, 2016), fazendo com que em um determinado momento houvesse uma necessidade de se estabelecer um pacto social (contrato social), em que "reconhecem uma autoridade (governante), um conjunto de regras e um regime político, dando origem assim a sociedade" (SABEDORIA POLÍTICA, 2016). Tal contrato tinha como designo estabelecer direitos e deveres, em que as leis determinam o que pertence a cada um sem que haja uma usurpação por parte dos demais (SABEDORIA POLÍTICA, 2016). Contudo, o contexto social no qual estes ideais foram inseridos demonstraram-se muito distantes da realidade, uma vez que a sociedade liberal foi institucionalizada após a Revolução Francesa de

1789, no final do século XVIII (BRADBURY, 2006), destacando a supremacia da burguesia, não existindo uma legislação aplicável a todos em nível de igualdade.

Como o liberalismo tinha como característica fundamental a autossuficiência, o indivíduo era visto em uma conotação patrimonialista, sendo considerado um fim em si mesmo, podendo ser sujeito ou titular de direito (PASCHOAL, 2008). Verificou-se que nesta época, o Código Civil brasileiro, promulgado em 1916 (BRASIL, 1916) seguia os ditames do Código de Napoleão (FRANÇA, 1804), prestigiando o individualismo voluntarista e o liberalismo político-econômico reinante no Estado liberal do século XIX (PASCHOAL, 2008), ratificando que as noções de igualdade pressupunham uma isonomia meramente formal e não material. Por conta dessa falta de igualdade e expansão do capitalismo, agravou-se a situação da classe trabalhadora que permanecia em condições aviltantes (BRADBURY, 2006), pois o Estado não estava comprometido com as demandas sociais, ou seja, com questões básicas como saúde, saneamento básico, condições justas de trabalho, educação, entre outros. Eclodiu-se então a chamada Revolução Industrial, que desaguou na Revolução Russa de 1917, no qual os trabalhadores estavam dispostos a não ceder mais a exploração.

Conquistou-se neste período o "princípio da igualdade material ou substancial", em que a legislação se preocupa efetivamente com a realidade dos fatos e a valia da lei para todos (BRADBURY, 2006). Implementou-se, portanto, o denominado *Welfare State*, ou Estado do Bem-Estar social. Porém, tal como o Estado Liberal, o Estado Social também continha alguns erros, dado que não atendia aos anseios democráticos, como o de garantir a justiça social e a efetiva participação democrática do povo no processo político (BRADBURY, 2006). Além do mais, "a Alemanha nazista, a Itália fascista, a Espanha franquista, a Inglaterra de Churchill, bem como o Brasil de Vargas" (BRADBURY, 2006) demonstravam um antagonismo muito grande entre os setores políticos, acarretando grandes tragédias, à título de exemplo a primeira e a segunda guerra mundial, tal como o regime ditatorial em vários países.

Verificou-se a imprescindibilidade de se ter um Estado que obtivesse essencialmente o melhor dos Estados anteriores, emergindo o Estado Democrático de Direito. Segundo Bradbury (2006):

> O Estado Democrático de Direito cria os "direitos de terceira geração", que se situam no plano do respeito, de conteúdo fraternal, compreendendo os direitos essencial ou naturalmente coletivos, isto é, os direitos difusos e os coletivos strictu sensu, passando o Estado a tutelar, além dos interesses individuais e sociais, os transindividuais (ou metaindividuais) [...] (BRADBURY, 2006).

No Brasil, o referido Estado foi instituído por meio da Carta Magna (BRASIL, 1988), em 1988, que aduz no preâmbulo:

> Nós, representantes do povo brasileiro, reunidos em Assembleia Nacional Constituinte **para instituir um Estado Democrático**, destinado a assegurar o exercício dos direitos sociais e individuais, a liberdade, a segurança, o bem-estar, o desenvolvimento, a igualdade e a justiça como valores supremos de uma sociedade fraterna, pluralista e sem preconceitos, fundada

> na harmonia social e comprometida, na ordem interna e internacional [...] (BRASIL, 1988, grifo nosso).

Em decorrência deste fator, acentuou-se a insuficiência da resolução dos problemas daquela sociedade por meio do Código Civil de 1916 (BRASIL, 1916) e, no dia Dezesseis de janeiro de mil novecentos e setenta e cinco, Miguel Reale defendeu a instituição da nova legislação civil, expondo os motivos e necessidades da atualização do Código Civil (PASCHOAL, 2008). De acordo com Nery (2006, apud PASCHOAL, 2008) um dos principais argumentos do jurista foi:

> O mundo foi sacudido pela tormenta de duas guerras universais e pelo impacto dos conflitos ideológicos, e os brasileiros optam pela Democracia Social, repudiando todas as formas de coletivismo ou estatalismo absorventes e totalitários, o que nos impõe o dever de assegurar, nesse sentido, a linha do nosso desenvolvimento. (NERY, 2006, apud PASCHOAL, 2008).

Infere-se, portanto, que por conta de transgressões de grande escala, principalmente com os indivíduos hipossuficientes, tanto no Estado Liberal quanto no Estado Social, demandou-se normas que fossem fortes o suficiente para que não ocorresse um *looping* infinito, sendo nítida a importância dos ditames trazidos pela Constituição Federal (BRASIL, 1988) e pelo Código Civil (BRASIL, 2002). A Constituição (BRASIL, 1988), considerada como lei suprema dentro do ordenamento jurídico, assegura por meio do artigo 5º os preceitos fundamentais que não poderão ser violados nem pelo Estado, pelo homem, pelos cidadãos ou por quaisquer normas infraconstitucionais que sejam contrárias a esta baliza normativa. Já o Código Civil (BRASIL, 2002) trata fundamentalmente das relações privadas, tendo como pontapé inicial o nascimento ou a concepção da pessoa – conforme dispõe o artigo 2º do Código Civil (BRASIL, 2002) – até a morte, no artigo 6º (BRASIL, 2002). Denota-se que o homem não é usado mais como meio pelo Estado ou por outros indivíduos para a consecução das próprias finalidades, este agora é o próprio fim do qual o Estado se destina a proteger.

À vista do exposto, o homem que desde o princípio demonstrou ser o personagem central de toda a problemática, por conta da evolução da sociedade e do Estado que hoje o protege, deve ser observado sob outro prisma, em especial no século XX, por conta do desenvolvimento da ciência e da tecnologia, que levaram os questionamentos sobre a ética nas práticas médicas a outra esfera.

CAPÍTULO II- O INSTITUTO DA BIOÉTICA E DO BIODIREITO

Indubitavelmente, por conta do advento das grandes guerras mundiais – especialmente a segunda –, houve o desencadeamento de uma grande preocupação acerca das pesquisas realizadas com seres humanos, haja vista que externou-se os abusos cometidos nos campos de concentração nazista e, em grupos vulneráveis, como judeus, ciganos, mulheres, crianças órfãs, prisioneiros, por conta do progresso científico e tecnológico do século XX (NOGUEIRA et al., 2012, p. 1). Em decorrência disso, houve o julgamento no Tribunal de Nuremberg, em que 23 pessoas foram acusadas e condenadas por conta das condições desumanas em que os indivíduos se encontravam, sendo que 20 destes, eram médicos.

Por este motivo, em 1946, concebeu-se o Código de Nuremberg (UNIVERSIDADE FEDERAL DO RIO GRANDE DO SUL), com o objetivo de podar os desvios éticos na ciência e determinar padrões humanitários para a realização de experimentos científicos (NOGUEIRA et al., 2012, p. 1). Por este ângulo, Sá e Naves (2018) fundamentados em Diego Garcia, garantem que as diretrizes bioéticas surgiram por necessidade, a partir dos anos de 1950, sendo uma consequência da revolução científica e técnica ocorrida nas ciências biológicas e médicas (SÁ; NAVES, 2018, p. 4). Assim, em 1964, a Associação Médica Mundial desenvolveu a Declaração de Helsinque (FACULDADE DE CIÊNCIAS MÉDICAS DA UNIVERSIDADE ESTADUAL DE CAMPINAS), sendo considerada como um dos instrumentos mais importantes sobre este assunto, pois contém os princípios éticos que fornecem orientações aos médicos e outros participantes em pesquisas clínicas envolvendo seres humanos (NOSÉ, 2019, p. 27).

No ano de 1974, instituiu-se a Comissão Nacional para a Proteção dos Interesses Humanos de Pesquisa Comportamental e Biomédica, sendo um marco para a bioética, posto que apresentou o Relatório de Belmont que contém os princípios éticos básicos: o respeito pelas pessoas (autonomia), beneficência e justiça (SÁ; NAVES, 2018). Nogueira (et al., 2012) ressalta que alguns documentos internacionais também foram publicados para fixar os limites das atividades biomédicas, das intervenções científicas e para garantir os princípios definidos pelo instituto da bioética:

> [...] O Convênio Europeu sobre Direitos Humanos e Biomedicina em 1997, Propostas de Diretrizes Éticas Internacionais para Pesquisas Biomédicas Envolvendo Seres Humanos (CIOMS/OMS 1982 e 1993), Guia Ético Internacional para Pesquisas Biomédicas envolvendo Seres Humanos em 2002, e, por fim, no ano de 2005, a ONU publica a Declaração Universal sobre Bioética e Direitos Humanos. (NOGUEIRA et al., 2012, p. 2).

É no contexto do despontamento das informações acerca da falta de limites do uso da tecnologia e do conhecimento científico que surgiu o Biodireito. Levou-se em consideração que por causa da falta de delineamento dos limites morais aplicados às investigações biocientifícas, não era preciso criar apenas relatórios, publicações ou declarações que restringissem a possibilidade de um desvio de conduta dentro das pesquisas, mas também que o ordenamento jurídico fosse mais presente e passasse a intervir de forma legítima no campo das técnicas biomédicas, quer seja para legitimá-las, regulamentá-las ou proibi-las. Segundo Soares, Soares e Marques (2010), o "Biodireito é o ramo do Direito que trata da teoria, da legislação e da jurisprudência relativas às normas reguladoras da conduta humana em face dos avanços da Medicina e da Biotecnologia."

De modo geral, diante das condições humilhantes na qual os indivíduos foram submetidos, e todo o respaldo jurídico que surgiu visando que tal ato não acontecesse novamente, observou-se que essas prerrogativas não poderiam ser apenas implementadas em outros países, fazendo com que o ordenamento jurídico brasileiro recepcionasse as diretrizes principiológicas da Bioética. A resolução n. 196/96 (BRASIL, 1996) do Conselho Nacional de Saúde, tornou-se efetivamente a primeira norma jurídica brasileira destinada a proteger os sujeitos dentro das pesquisas científicas, porém no ano de 2012, o mesmo Conselho fez uma revisão da referida resolução e a revogou, sendo vigente, nos dias de hoje, a resolução n. 466/2012 (BRASIL, 2012).

Assim, verificar-se-á no próximo tópico as diretrizes e normas regulamentadoras que permitem e possibilitam que sejam realizadas as pesquisas com seres humanos.

CAPÍTULO III- OS TESTES CLÍNICOS EM SERES HUMANOS SOB A ÓTICA DAS RESOLUÇÕES Nº 196/96 E 466/2012

O Brasil tem como tradição recepcionar normas internacionais, não sendo diferente quanto as pesquisas científicas com seres humanos. Por volta do século XIX, iniciou-se alguns experimentos para "o tratamento de doenças infecto contagiosas, como a febre amarela e a varíola, sendo mais tarde aplicadas em quase a totalidade das espécies médicas e profissões relacionadas à área de saúde (GOLDIM, 2006, apud NOGUEIRA et al., 2012, p. 3). No início da década de 70, não havia nenhuma norma regulamentadora que direcionasse tais pesquisas no Brasil, porém, em 1975, o Conselho Federal de Medicina tornou-se o órgão responsável pelos testes clínicos e publicou a resolução nº 1098 de 1983, seguindo as bases principiológicas da Declaração de Helsinque de 1964 (FACULDADE DE CIÊNCIAS MÉDICAS DA UNIVERSIDADE ESTADUAL DE CAMPINAS), sendo o primeiro instrumento normativo que dedicou-se a este tema, pois destacou-se uma preocupação ética quanto a execução dos novos conhecimentos científicos na saúde (NOGUEIRA, et al., 2012, p. 3). Contudo, este instrumento não continha alguns elementos essenciais, como por exemplo, o consentimento informado, os comitês de ética e fiscalização e, a explanação de informações relevantes para a participação dos pacientes nas pesquisas, ocasionados justamente por conta do sistema burocrático do Conselho Nacional de Saúde daquela época (NOGUEIRA et al., 2012, p. 3).

Nesse sentido, a década de 90 fomentou muitas discussões sobre a ética em solo internacional, além do fortalecimento do sistema da bioética brasileira com o aparecimento de organismos não governamentais e, das publicações científicas na Revista Bioética, que foi lançada em 1993 pelo Conselho Federal de Medicina, relatando que a resolução 01/1098 não estava sendo bem sucedida quando empregada frente ao caso concreto (NOGUEIRA et al., 2012, p. 4). Posteriormente, realizou-se audiências públicas e, a edição do primeiro congresso de Bioética, contou com novas diretrizes e determinações para substituir a resolução anterior (NOGUEIRA et al., 2012, p. 4).

Dessa forma, o Conselho Nacional de Saúde aprovou em 1996 a Resolução nº 196 (BRASIL, 1996), "que ampliou o foco para além da área de saúde, envolvendo também outras áreas como Ciências Sociais e Antropologia, por exemplo, e incentivou a criação dos Comitês de Ética em Pesquisa em todo o país" (NOGUEIRA, et al., 2012, p. 4). Além disso, inovou ao "cristalizar a necessidade de se atender aos princípios bioéticos fundamentais: autonomia (por meio do consentimento livre e esclarecido), beneficência, não maleficência e o princípio da justiça ou da equidade" (NOSÉ, 2019, p. 53). A posteriori, esta resolução foi revogada pela nº 466/2012 (BRASIL, 2012), que atualmente possui as principais normas que regulamentam as pesquisas com seres humanos, tendo também como fundamentação o Código de Nuremberg, a Declaração Universal dos Direitos Humanos de 1948, a Declaração de Helsinque e a Declaração Universal sobre Bioética e Direitos Humanos (NOSÉ, 2019, p. 54).

A Resolução do Conselho Nacional de Saúde de 2012 (BRASIL, 2012) contém aspectos de extrema importância, que reiteram expressamente a incorporação dos referenciais Bioéticos no ordenamento jurídico brasileiro, determinando a ética dentro das pesquisas que envolvem os seres humanos, de acordo com o item III.1:

> a) respeito ao participante da pesquisa em sua dignidade e autonomia, reconhecendo sua vulnerabilidade, assegurando sua vontade de contribuir e permanecer, ou não, na pesquisa, por intermédio de manifestação expressa, livre e esclarecida;
> b) ponderação entre riscos e benefícios, tanto conhecidos como potenciais, individuais ou coletivos, comprometendo-se com o máximo de benefícios e o mínimo de danos e riscos;
> c) garantia de que danos previsíveis serão evitados; e
> d) **relevância social da pesquisa**, o que garante a igual consideração dos interesses envolvidos, não perdendo o sentido de sua destinação sócio humanitária. (BRASIL, 2012, grifo nosso).

Registra-se ainda que na mesma resolução, o item II.17, traz o conceito de protocolo como "conjunto de documentos contemplando a descrição da pesquisa em seus aspectos fundamentais e as informações relativas ao participante da pesquisa, à qualificação dos pesquisadores e a todas as instâncias responsáveis" (BRASIL, 2012). Em rápidas pinceladas, o pesquisador é o responsável por apresentar o protocolo ao Comitê de Ética em Pesquisa (CEP) ou à Comissão Nacional de Ética em Pesquisa (CONEP) e aguardar a aprovação ética antes de iniciar a pesquisa, devendo conter, conforme o item XI.2 (BRASIL, 2012), a exposição de motivos que justifiquem as razões da investigação, estabelecendo os riscos e benefícios advindos dos "experimentos". O capítulo VI prevê que "o protocolo a ser submetido à revisão ética somente será apreciado se for apresentada toda documentação solicitada pelo Sistema CEP/CONEP, considerando a natureza e as especificidades de cada pesquisa" (NOSÉ, 2019, p. 58). À Comissão Nacional de Ética em Pesquisa, cabe:

> A análise dos protocolos envolvendo seres humanos, emitindo parecer justificado, sempre orientado, dentre outros, pelos princípios da impessoalidade, transparência, razoabilidade, proporcionalidade e

eficiência, nos prazos estabelecidos em norma operacional, evitando redundâncias que resultem em morosidade na análise (NOSÉ, 2019, p. 58).

Cumpre observar que se o pesquisador tem incumbências no que toca as pesquisas, deverá também detalhar e avaliar todos os riscos físicos, psicológicos e sociais ocasionados por conta destas, indicando de que forma haverá a contenção ou minimização caso incorra alguma complicação. Aliado a isto, é imprescindível que o participante que tenha se voluntariado compreenda perfeitamente todos os pormenores da pesquisa, tal como os riscos e benefícios; que terá a liberdade de sair em qualquer fase por qualquer motivo e, que caso aconteça alguma lesão que esteja ou não previamente estabelecida no Termo de Consentimento Livre e Esclarecido, haverá assistência e reparação integral, conforme dispõe o item II.3.2 da Resolução nº 466/2012 (BRASIL, 2012). Em virtude dos pontos trabalhados, o Código de Ética Médica (BRASIL, 2018) também seria aplicável nas pesquisas com seres humanos? Haveria alguma semelhança entre os direitos e deveres dos pesquisadores se comparados com a relação médico-paciente? Estas indagações serão respondidas no próximo tópico.

CAPÍTULO IV - O CÓDIGO DE ÉTICA MÉDICA APLICADO NAS PESQUISAS COM SERES HUMANOS

O Código de Ética Médica (BRASIL, 2018) não é exatamente um código, mas uma resolução com força normativa aprovada pelo Conselho Federal de Medicina, que abarca os limites que não deverão ser ultrapassados pelos médicos ao exercerem a profissão, especialmente quando se referir ao ensino, pesquisa e administração dos serviços de saúde (AQUINO, 2020). Sublinha-se que o primeiro vestígio da chamada "ética médica" foi escrito em grego jônico, no século V a.C, por Hipócrates, que é conhecido como "Pai da medicina" (SOCIEDADE BRASILEIRA DE PEDIATRIA, 2018), tendo uma grande relevância até hoje, já que nas cerimônias de colação de grau das faculdades de Medicina, os formandos declamam o juramento de Hipócrates. Todavia, há uma obsolescência quanto a este voto, levando em conta que prezava-se muito um paternalismo médico acoplado ao princípio da não-maleficência, no qual o médico era responsável por tomar todas as decisões pelos pacientes mesmo que estes não concordassem, buscando o melhor tratamento a qualquer custo.

Os tempos mudaram, a relação médico-paciente não tem mais um viés paternalista, o termo "médico de família" foi substituído por conta de uma sociedade mais consumista, em que os cidadãos encontram-se mais cientes dos direitos que lhes são atribuídos, exigindo resultados mais rápidos por meio de consultas com curto tempo de duração. A partir disso, exigiu-se uma mudança de postura do médico para com o paciente e, a resolução do CFM nº 2.222/2018 (BRASIL, 2018), determina que deve-se ter uma maior transparência nessa relação, cujo "trinômio" informação-discernimento-falta de condicionadores externos devem ser respeitados, buscando garantir a autonomia do paciente (SÁ; NAVES, 2009). Outrossim, além do "trinômio" supracitado, o Código de Ética Médica (BRASIL, 2018) também versa sobre as pesquisas envolvendo seres humanos, contendo dispositivos regulamentares.

No que tange aos seres humanos, o cap. I, n. VI e artigo 25 da referida resolução (BRASIL, 2018), estabelece que ninguém será submetido a torturas e a tratamentos degradantes ou desumanos. O artigo 99 garante que não é permitido participar "de qualquer tipo de experiência envolvendo seres humanos com fins bélicos, políticos, étnicos, eugênicos ou outros que atentem contra a dignidade humana" (BRASIL, 2018). Já o artigo 100 do mesmo diploma, corrobora com a antiga resolução nº 196/96 (BRASIL, 1996) e a atual nº 466/2012 (BRASIL, 2012), frisando que o médico deve enviar o protocolo de pesquisa para o CEP para a realização de experimentos com seres humanos, objetivando a aprovação do procedimento antes do começo.

O artigo 101 (BRASIL, 2018) tem raízes desde o Código de Nuremberg (1948) e da Declaração de Helsinque (1964), abordando que para que seja efetiva a participação do paciente – os capazes e, os incapazes por meio do representante legal –, deverá constar no Termo de Consentimento Livre e Esclarecido todos os requisitos abordados na resolução nº 466 (BRASIL, 2012), explicando a natureza e as consequências da pesquisa. Para mais, após realizar a explanação dos fatos e a obtenção das informações dos participantes, o Capítulo IX do Código de Ética Médica (BRASIL, 2018) versa sobre o dever do Sigilo Profissional, estando em consonância com os itens III.2.i e IV.3 da resolução nº 466/2012 (BRASIL, 2012) que estabelece que a confidencialidade é de extrema relevância no âmbito das pesquisas clínicas (ALEGRIA; ARAÚJO, 2018, p. 187).

Notou-se também uma preocupação acerca da independência de atuação do médico dentro dos experimentos científicos e, o artigo 104 da resolução (BRASIL, 2018), proíbe ao médico "deixar de manter sua independência profissional e científica em relação a financiadores de pesquisa médica, satisfazendo interesse comercial ou obtendo vantagens pessoais". Quanto ao último artigo citado, Luiz Antônio Bento (2019, p. 66, apud NOSÉ, 2019, p. 61) explica que equivaleria "dizer que a dignidade do ser humano pesquisado exige que o pesquisador não perca sua independência, não só técnico-científica, mas também ética." Nosé (2019, p. 63) explicita que "o médico pesquisador se submete as mesmas regras que regem a profissão médica em geral", asseverando ainda que:

> Nas relações médico-paciente e, por conseguinte, nas relações pesquisador-participante de pesquisa, a conduta médica deve ser pautada pelo respeito às normas éticas e jurídicas e aos princípios da bioética: autonomia, beneficência, não maleficência e justiça. (NOSÉ, 2019, p. 63).
> [...]
> A observância dos quatro princípios da bioética é de fundamental importância para a evolução da ciência, que deverá ser limitada ao respeito à dignidade do participante de pesquisa [...]. (NOSÉ, 2019, p. 64).

Viviane Hanshkov (2007, p. 98) promove uma reflexão importante ao demonstrar que o encargo do médico dentro das pesquisas é muito maior do que se pode imaginar, garantindo que o pesquisador:

> Geralmente é um profissional médico, renomado, pois essa qualidade é de interesse do patrocinador, amplamente qualificado na área que abrange os

> tópicos estudados e, consequentemente, é quem recebe a proposta do estudo, exteriorizada por meio do contrato e do protocolo, quando não proposto por ele mesmo. (HANSHKOV, 2007, p. 98).

Em virtude do rol de deveres do médico/pesquisador dentro dos experimentos frente aos "sujeitos de pesquisa", qual instituto seria aplicável no caso de dano ou lesão, estando ou não previsto no Termo de Consentimento Livre e Esclarecido, dentro das pesquisas médicas? Haveria a possibilidade do Código Civil (BRASIL, 2002) ser aplicado com fulcro na responsabilidade civil? Esta responsabilidade seria subjetiva ou objetiva? É possível a utilização do Código de Defesa do Consumidor (BRASIL, 1990)?

CAPÍTULO V- O QUE É RESPONSABILIDADE CIVIL? QUAL A NATUREZA DO NEGÓCIO JURÍDICO DOS TESTES CLÍNICOS COM SERES HUMANOS?

Antes das perguntas que foram feitas acima serem respondidas, dever-se-á discutir em *prima face* sobre o que é responsabilidade civil e qual a natureza do negócio jurídico das pesquisas clínicas com seres humanos.

O termo "responsabilidade" pode designar várias acepções, porém o significado trazido dentro do Código Civil (BRASIL, 2002) no Título IX, é de que a responsabilidade civil tem como propósito reparar o prejuízo causado pelo agente à vítima, acarretando, em regra, na reparação de danos materiais e/ou de danos morais (BERLINI, 2011). Conforme os ensinamentos de Maria Helena Diniz (2007, p. 296, apud NOSÉ, 2019, p. 69), "a responsabilidade civil do médico é, em regra, contratual".

Viviane Hanshkov (2007, p. 95) reflete sobre a natureza do negócio jurídico das pesquisas clínicas, declarando que "como todo negócio jurídico se externa através de um contrato, a pesquisa clínica não é uma exceção", e que possui todas as características de um contrato, sendo via de regra escrito, plurilateral, sinalagmático, oneroso, personalíssimo ou *intuitu personae*, consensual e atípico (HANSHKOV, 2007, p. 95). Conquanto, Heloisa Helena Barboza (2009, apud ALEGRIA; ARAÚJO, 2018, p. 93) afirma que diferentemente do contrato existente entre médico e paciente quanto às intervenções clínicas terapêuticas, a relação assentada entre o pesquisador e o paciente não possui natureza contratual e também não seria de contrato de adesão, tendo em vista que o Termo de Consentimento Livre e Esclarecido "constitui forma de materialização da permissão do participante acerca da experimentação no seu corpo e na sua mente" (BARBOZA, 2009, apud ALEGRIA; ARAÚJO, 2018, p. 193), sendo, portanto, um negócio jurídico peculiar.

Apesar de se ter uma discordância quanto a natureza, entende-se que a possibilidade de reparação pelo código civil (BRASIL, 2002), bem como os deveres do pesquisador e das instituições envolvidas, evidencia uma preocupação com o indivíduo envolvido na pesquisa

(ALEGRIA; ARAÚJO, 2018). Portanto, o médico pesquisador não se exime da responsabilidade dentro das pesquisas por conta da assinatura do Termo, mesmo que o participante concorde com todos os tópicos previamente estabelecidos. Assim, a resolução nº 466/2012 (BRASIL, 2012) do Conselho Nacional de Saúde nos itens V.6 e V.7, diz "que serão responsáveis o pesquisador, o patrocinador e as instituições envolvidas por danos sofridos pelo participante em decorrência da pesquisa" (ALEGRIA; ARAÚJO, 2018, p. 188). Tal obrigação congloba garantias como "assistência imediata e integral que possibilite a redução ou o tratamento de eventuais complicações sofridas pelos pacientes, como a de efetuar o pagamento de indenização com a finalidade de reparar danos, estejam eles previstos no Termo de Consentimento ou não" (ALEGRIA; ARAÚJO, 2018, p. 188). Alegria e Araújo (2018), esclarecem que há uma lacuna jurídica na resolução nº 466 (BRASIL, 2012), pois não é determinado de que forma irá ocorrer tal responsabilização, bem como quais hipóteses ocasionarão o dever de indenizar, não havendo uma clara delimitação da responsabilidade do pesquisador, dos patrocinadores ou das demais instituições envolvidas.

Diante do exposto, o artigo 186 do Código Civil (BRASIL, 2002) determina que, para que o instituto da responsabilidade civil seja aplicado, deverá ocorrer um ato ilícito que gere um dever de reparação para alguém, por conta de uma ação ou omissão voluntária, que viole direitos e cause danos a outrem (BRASIL, 2002). Sérgio Cavalieri Filho (2005, p. 34) citado por Luciana Fernandes Berlini (2011) explica que para que haja a concretização deste ato, deverá existir um *comportamento* voluntário que infrinja um dever jurídico, "e não que simplesmente prometa ou ameace infringi-lo, de tal sorte que, desde o momento em que o ato ilícito foi praticado, está-se diante de um processo executivo."

V.1 A responsabilidade civil subjetiva e o código de defesa do consumidor

Em regra, o Código Civil (BRASIL, 2002) estabelece que a responsabilidade civil é subjetiva, ou seja, só surge a obrigação de indenizar caso reste comprovada a existência de dano, nexo causal entre a lesão da conduta do agente, bem como a ocorrência de *dolo ou culpa* em sentido amplo, como está expresso nos artigos 186 e 927 da legislação civil (BRASIL, 2002). Eduardo Tomasevicius Filho (2015, p. 142, apud NOSÉ, 2019, p. 70) diz que "deve-se provar, no caso do pesquisador médico, que este agiu com dolo ou com culpa e demonstrar seus elementos caracterizadores (negligência, imprudência ou imperícia)." Nessa perspectiva não há dúvidas quanto à natureza da obrigação do médico-pesquisador – responsabilidade subjetiva – dentro da relação pesquisador-paciente, tendo em consideração que de acordo com os ensinamentos de Gustavo Tepedino (2000, apud ALEGRIA; ARAÚJO, 2018, p. 192) o médico assume obrigação de meio perante o paciente, só podendo ser responsabilizado caso reste comprovado essencialmente o elemento *culpa* no exercício da atividade.

Por conta desta modalidade subjetiva de responsabilidade, a jurisprudência brasileira admite que os ditames estabelecidos pelo Código de Defesa do Consumidor (BRASIL, 1990) sobreponham ao regramento do Código Civil (BRASIL, 2002), aplicando-se o artigo 14, §4º do CDC (BRASIL, 1990) a fim de fixar a responsabilidade do médico para com o paciente (ALEGRIA; ARAÚJO, 2018, p. 192). No entanto, o Direito do Consumidor não será utilizado quando incidir na relação pesquisador-participante, levando em conta que:

> Diferentemente de um paciente clínico, o participante da pesquisa clínica não figura na hipótese de consumidor de um serviço, já que inexiste o elemento primordial para a caracterização da relação de consumo, qual seja a remuneração. De acordo com o CDC, no seu art. 2º, "consumidor é toda pessoa física ou jurídica que adquire ou utiliza produto ou serviço como destinatário final. (ALEGRIA; ARAÚJO, 2018, p. 193).

Victor Menon Nosé (2019, p. 69) reafirma o entendimento de Alegria e Araújo (2018), alegando que embora o pesquisador esteja sujeito tal como os médicos as regras gerais do Código Civil (BRASIL, 2002), além das disposições do Código de Ética Médica (BRASIL, 2018) e das resoluções nº 196/96 (BRASIL, 1996) e 466/2012 (BRASIL, 2012) no que se refere as pesquisas em seres humanos, não se aplica o Código de Defesa do Consumidor por não existir relação de consumo, tendo em vista que o experimento não se encontra à disposição do mercado. Verifica-se, portanto, que a responsabilização do médico-pesquisador não tem respaldo no CDC (BRASIL, 1990), mas sim no artigo 951 do CC/02 (BRASIL, 2002) que "determina que os indivíduos que, em razão do exercício da sua atividade profissional, causarem a morte ou lesões ao paciente, responderão de forma subjetiva perante estes." (ALEGRIA; ARAÚJO, 2018, p. 194).

Empós noção cediça, assevera-se que o Código Civil (BRASIL, 2002) não traz apenas a responsabilidade civil na modalidade subjetiva, mas também na modalidade objetiva e é isso que será discutido no próximo item.

V.2 A responsabilidade civil objetiva e a teoria do risco

O parágrafo único do artigo 927 do Código Civil (BRASIL, 2002) traz outra roupagem, demonstrando a possibilidade de a responsabilidade civil ser objetiva e que "haverá obrigação de reparar o dano, independente de culpa, nos casos especificados em lei, ou quando a atividade normalmente desenvolvida pelo autor do dano implicar, por sua natureza, risco para outrem." Nesse sentido, o agente será responsabilizado, independentemente de culpa, nos casos previstos em lei, ou quando a atividade exercida pelo indivíduo implicar riscos de danos para terceiros. Sendo assim, o referido parágrafo (BRASIL, 2002) traz que a regra geral – responsabilidade subjetiva – não será aplicada no caso dos patrocinadores e as demais instituições participantes, que responderão de maneira objetiva frente aos participantes (ALEGRIA; ARAÚJO, 2018, p. 194), justificando-se pela teoria do risco.

Dessarte, os experimentos, principalmente com seres humanos por si só já denotam uma atividade de risco, e a resolução nº 466 (BRASIL 2012) conceitua o risco da pesquisa como a "possibilidade de danos à dimensão física, psíquica, moral, intelectual, social, cultural ou espiritual do ser humano em qualquer pesquisa dela decorrente." Dentro do direito civil, esta teoria pode ser subdividida em três vertentes: teoria do risco-proveito, teoria do risco integral e a teoria do risco criado. Alegria e Araújo (2018, p. 190) aduzem que a teoria do risco criado seria a mais adequada, tendo em vista que "a realização de pesquisas envolvendo seres humanos invariavelmente trará riscos para os participantes, independentemente de os patrocinadores ou as demais instituições participantes obterem algum proveito financeiro com essa prática."

Corroborando a este entendimento, Caio Mário da Silva Pereira (2001, apud ALEGRIA; ARAÚJO, 2018, p. 190) diz que teoria do risco criado "implica no reconhecimento de quando uma pessoa, por sua atividade, é responsável por criar um risco para outrem, deve responder por suas consequências danosas." Já Cristiano Chaves de Farias, Nelson Rosenvald e Felipe Peixoto Braga Netto (2015, apud ALEGRIA; ARAÚJO, 2018, p. 190) defendem que para que haja a responsabilização objetiva, a teoria adotada seria a do risco proveito, posto que "o mero exercício da atividade já importa riscos para terceiros, de forma que o dever de reparar independeria de comprovação da obtenção de lucro pelo agente." Embora haja uma discussão quanto a qual teoria seria a melhor aplicada frente a modalidade objetiva de responsabilidade, Heloisa

Helena Barboza (2009, apud ALEGRIA; ARAÚJO, 2018, p. 191) afirma que embora se comprove a existência do dano e do nexo de causalidade, conforme estabelece a teoria do risco criado, os danos somente deverão ser reparados quando decorrerem de um descumprimento do dever de segurança pelo agente, ou seja, não haverá indenização por parte da instituição se não houver a comprovação de que o agente não tomou todas as medidas adequadas para evitar o dano.

Em outra perspectiva, no que se relaciona a responsabilização do pesquisador e das instituições coparticipantes das pesquisas clínicas, a resolução n° 466 (BRASIL, 2012) arrola "que são responsáveis pelas indenizações devidas aos pacientes e pela garantia de assistência imediata e integral tanto o pesquisador quanto as instituições envolvidas – sejam elas patrocinadoras ou não" (ALEGRIA; ARAÚJO, 2018, p. 189), não trazendo preferência quanto a quem irá ser responsável pela reparação ao dano causado ao paciente, demonstrando existir uma paridade/solidariedade entre o pesquisador, as instituições e os patrocinadores, quanto ao cumprimento da obrigação (ALEGRIA; ARAÚJO, p. 189). Viviane

Hanshkov (2007, apud ALEGRIA; ARAÚJO, p. 190) afirma que:

> A Resolução n° 466 prevê responsabilidade solidária entre o pesquisador, o patrocinador e as demais instituições, de modo que pode o participante demandar o cumprimento da obrigação de qualquer um deles, sendo cada um deles responsável pelo cumprimento da obrigação na sua integralidade, de acordo com o art. 275 do Código Civil (HANSHKOV, 2007, apud ALEGRIA; ARAÚJO, p. 190).

Em virtude dos fatos apresentados, a responsabilidade civil é um instituto garantidor frente aos testes clínicos com seres humanos?

V.3 A responsabilidade civil como instituto garantidor frente aos testes clínicos em seres humanos

Para que reste concluso este último item, constatou-se, no decorrer do artigo, a magnitude do instituto da responsabilidade civil efetivamente como instituto garantidor frente ao cometimento do dano ou da lesão dentro dos testes clínicos com seres humanos. Evidenciou-se que embora o pesquisador, as instituições e os patrocinadores trabalhem de forma complementar, há uma distinção quanto a responsabilização destes, sendo que a do pesquisador continuará seguindo a regra geral do Código Civil (BRASIL, 2002), sendo subjetiva e, a responsabilidade das instituições e dos patrocinadores das pesquisas, será objetiva. No entanto, caso o dano, seja com culpa ou sem culpa, a responsabilidade de reparação de ambos frente ao participante da pesquisa, é solidária.

CONSIDERAÇÕES FINAIS

Ao longo do trabalho e dos pontos explanados, assentou-se que desde os proêmios, os seres humanos evoluem em consonância com a sociedade e época em que se encontram inseridos. Nesse viés, implementou-se normas que tem como intento garantir que o indivíduo seja protegido legislativamente em decorrência da aquisição da igualdade formal e material. Assim, frente as condições ultrajantes pelas quais estes passaram, principalmente do século XVI ao XX, revelou-se necessário que os institutos da Bioética e do Biodireito fossem criados, visando assegurar que os Direitos Humanos e os Direitos da Personalidade não fossem violados, em nenhuma hipótese, essencialmente dentro das pesquisas tecno científicas.

Por conta disso, além de se ter a Constituição Federal como a lei maior, que determina por meio do artigo 5° os direitos fundamentais dos cidadãos, o Código Médico define de que forma deve o profissional médico e o pesquisador direcionar os conhecimentos frente ao paciente. Do mesmo modo, as resoluções n° 196/96 e 466/2012 tem como intenção estipular como os experimentos com seres humanos devem ser realizados e, o Código Civil, vem como determinante no que tange as relações privadas, tendo a Responsabilidade Civil como um dos pilares que objetiva a indenização caso ocorra alguma transgressão – gerada por conta de um ato ilícito – para com os seres humanos, seja por meio de danos materiais e/ou morais, atribuindo em regra uma responsabilidade subjetiva ao "doutor" se comprovada a culpa, mas aplicando a responsabilidade objetiva para os institutos e patrocinadores, bastando apenas que se tenha dano e nexo causal e, responsabilidade solidária, para que a obrigação seja cumprida. Diante disso, conclui-se que essa garantia estipulada pelo Código Civil é completamente aplicável frente aos testes clínicos realizados com seres humanos, considerando que em um passado não muito distante, atrocidades foram cometidas e acobertadas em prol de uma ciência que visava e ainda visa lucrar em cima destes.

REFERÊNCIAS BIBLIOGRÁFICAS

ALEGRIA, Lívia; ARAÚJO, Ana Thereza Meireles. Saúde e pesquisa científica com seres humanos: a conformação dos danos decorrentes e o modelo brasileiro de fiscalização. **Cadernos Ibero-Americanos de Direito Sanitário**, v.7, n.1, pp. 183-202, jan./mar, 2018. Disponível em: https://www.cadernos.prodisa.fiocruz.br/index.php/cadernos/article/view/465. Acesso em: 02 mai. 2021.

AQUINO, Luciene Cristina Fernandes. **O Código de Ética Médica.** Uberlândia, 2020. Disponível em: https://rsaude.com.br/uberlandia/materia/o-codigo-de-etica-medica/21273. Acesso em: 02 mai. 2021.

ARISTÓTELES. **La Política**. Roma. Ed. L"erma. 2011. V.1. 354 p. 71.

BARBOZA, Heloisa Helena. **Responsabilidade civil em face das pesquisas em seres humanos:** efeitos do consentimento livre e esclarecido. In: Martins-Costa J, Möller L. (orgs.). Bioética e Responsabilidade. Rio de Janeiro: Forense, 2009.

BENTO, Luiz Antônio. **Bioética e pesquisa em seres humanos.** São Paulo: Paulinas, 2019.

BERLINI, Luciana Fernandes. **A responsabilidade civil aplicada às perícias médicas judicias.** [*S. l.*]. 2011. Disponível em: https://ambitojuridico.com.br/edicoes/revista-88/a-responsabilidade-civil-aplicada-as-pericias-medicas-judiciais/#:~:text=Um%20m%C3%A9dico%20perito%20do%20INSS,ao%20expor%20indevidamente%20sua%20imagem. Acesso em: 02 mai.2021.

BRASIL. [Constituição (1988)]. **Constituição da República Federativa do Brasil de 1988:** Brasília, DF: Presidência da República. Disponível em: nós, representantes do povo brasileiro, reunidos em Assembleia Nacional Constituinte para instituir um Estado Democrático, destinado a assegurar o exercício dos direitos sociais e individuais[...]. Disponível em: http://www.planalto.gov.br/ccivil_03/Constituicao/Constituicao.htm. Acesso em: 30 abr. 2021.

BRASIL. **Lei nº 3.071, de 1º de janeiro de 1916.** Revogada pela Lei nº 10.406, de 2002. Rio de Janeiro: Presidente da República dos Estados Unidos do Brasil, [2002]. Disponível em: https://www.planalto.gov.br/ccivil_03/leis/l3071.htm. Acesso em: 30 abr. 2021.

BRASIL. **Lei nº 8.078, de 11 de setembro de 1990.** Dispõe sobre a proteção do consumidor e dá outras providências. Brasília, DF: Presidência da República. Disponível em: http://www.planalto.gov.br/ccivil_03/leis/l8078compilado.htm. Acesso em: 30 abr. 2021.

BRASIL. **Lei nº 10.406, de 10 de janeiro de 2002**. Institui o Código Civil. Brasília, DF: Presidência da República. Disponível em: http://www.planalto.gov.br/ccivil_03/leis/2002/l10406.htm. Acesso em: 25 abr. 2021.

BRASIL. Plenário do Conselho Nacional de Saúde. **Resolução nº 196, de 10 de outubro de 1996.** Resolve aprovar as seguintes diretrizes e normas regulamentadoras de pesquisas envolvendo seres humanos. Brasília, 1996. Disponível em: http://bvsms.saude.gov.br/bvs/saudelegis/cns/1996/res0196_10_10_1996.html. Acesso em: 03 mai. 2021.

BRASIL. Plenário do Conselho Nacional de Saúde. **Resolução nº 466, de 12 de dezembro de 2012.** Resolve aprovar as seguintes diretrizes e normas regulamentadoras de pesquisas envolvendo seres humanos. Brasília, 2012. Disponível em: http://conselho.saude.gov.br/resolucoes/2012/Reso466.pdf. Acesso em: 03 mai. 2021.

CAMPOS, Afonso. **A Teoria da Alma em Aristóteles**. [S. l.]. 2017. Disponível em: https://theoretico.wordpress.com/2017/06/07/a-teoria-da-alma-em-aristoteles/. Acesso em: 03 mai. 2021.

CARVALHO, Nara; STANCIOLI, Brunello. **Da integridade física ao livre uso do corpo:** releitura de um direito da personalidade. [S. l.]. 2011. Disponível em: https://pt.scribd.com/doc/237232748/Brunello-Stancioli-e-Nara-Carvalho-Da-Integridade-Ao-Livre-Uso-Do-Corpo. Acesso em: 02 mai. 2021.

CAVALIERI FILHO, Sérgio. **Programa de responsabilidade civil.** 6.ed. São Paulo: Malheiros, 2005. p. 25-26.

CONSELHO FEDERAL DE MEDICINA. **Código de Ética Médica:** Resolução CFM nº 2.217, de 27 de setembro de 2018, modificada pelas Resoluções CFM nº 2.222/2018 e 2.226/2019. Resolve aprovar o Código de Ética Medica anexo a esta Resolução, após sua revisão e atualização [...]. Brasília, DF. Disponível em: https://portal.cfm.org.br/images/PDF/cem2019.pdf. Acesso em: 30 abr. 2021.

DINIZ, Maria Helena. **Curso de direito civil brasileiro:** responsabilidade civil. v.7. 21.ed. São Paulo: Saraiva, 2007.

FACULDADE DE CIÊNCIAS MÉDICAS DA UNIVERSIDADE ESTADUAL DE CAMPINAS. **Declaração de Helsinque Associação Médica Mundial.** Finlândia, 1964. Disponível em: https://www.fcm.unicamp.br/fcm/sites/default/files/declaracao_de_helsinque.pdf. Acesso em: 30 abr. 2021.

FARIAS, Chaves de; NETTO, Felipe Peixoto Braga; ROSENVALD, Nelson. **Curso de direito civil:** responsabilidade civil. São Paulo: Atlas, 2015.

GALUPPO, Marcelo Campos. **Notas de aula da disciplina Filosofia do Direito.** Belo Horizonte: Pontifícia Universidade Católica de Minas Gerais, 4 de set. 2017.

GOLDIM, José Roberto. Bioética e pesquisa no Brasil. In: KIPPER, Délio José (Org.). **Bioética, teoria e prática:**

uma visão multidisciplinar. Porto Alegre: EDIPUCRS, 2006.

HANSHKOV, Viviane. **Pesquisas clínicas no Brasil:** da Bioética à responsabilidade civil. São Paulo: Programa de Pós-Graduação em Bioética, Centro Universitário São Camilo; 2007. Disponível em: http://www.dominiopublico.gov.br/download/texto/cp0295 59.PDF. Acesso em: 30 abr. 2021.

LA BRADBURY, Leonardo Cacau Santos. Estados liberal, social e democrático de direito: noções, afinidades e fundamentos. **Revista Jus Navigandi**, ISSN 1518-4862, Teresina, ano 11, n. 1252, 5 dez. 2006. Disponível em: https://jus.com.br/artigos/9241. Acesso em: 30 abr. 2021.

NERY JUNIOR, Nelson; NERY, Rosa Maria de Andrade. **Código Civil comentado:** atualizado até 20 de maio de 2006. 4.ed. rev., atual. e ampl. São Paulo: Revista dos Tribunais, 2006.

NOGUEIRA, A.C. et al. Responsabilidade civil por danos decorrentes de pesquisas científicas com seres humanos. **Direito UNIFACS**, v. 11, n. 142, p. 2-16, 2012.

NOSÉ, Victor Menon. Bioética: aplicação da teoria do consentimento informado e a responsabilidade civil e ética do médico em pesquisas envolvendo seres humanos. 2019. 119 f. Dissertação (Mestrado em Direito) - **Programa de Estudos Pós-Graduados em Direito**, Pontifícia Universidade Católica de São Paulo, São Paulo, 2019.

Disponível em: https://tede2.pucsp.br/handle/handle/23011. Acesso em: 02 mai. 2021.

PASCHOAL, Sandra Regina Remondi Introcaso. **A evolução histórica da principiologia dos códigos civis brasileiros e suas repercussões na teoria da responsabilidade civil**. [*S. l.*]. 2008. Disponível em: https://ambitojuridico.com.br/cadernos/direito-civil/a-evolucao-historica-da-principiologia-dos-codigos-civis-brasileiros-e-suas-repercussoes-na-teoria-da-responsabilidade-civil/. Acesso em: 02 mai. 2021.

RIBEIRO, Krukemberghe Divino Kirk da Fonseca. ***Homo sapiens***. Brasil Escola. [*S. l.*]. Disponível em: https://brasilescola.uol.com.br/biologia/a-nossa-especie-homo-sapiens.htm. Acesso em: 02 mai. 2021.

SÁ, Maria de Fátima Freire; NAVES, Bruno Torquato de Oliveira. **Bioética e Biodireito**. 4.Ed. Belo Horizonte: Ed. Del Rey, 2018.

SÁ, Maria de Fátima Freire; NAVES, Bruno Torquato de Oliveira. **Manual de Biodireito**. 3. Ed. Belo Horizonte: Ed. Del Rey, 2009.

SABEDORIA POLÍTICA. **Os Contratualistas.** [*S. l.*]. 2016. Disponível em: https://www.sabedoriapolitica.com.br/filosofia-politica/filosofia-moderna/os-contratualistas/. Acesso em: 03 mai. 2021.

SOARES, Saulo C.A; SOARES, Ivana Maria Mello; MARQUES, Herbert de Souza.

Reflexões em ética, bioética e biodireito. Rio Grande. Âmbito Jurídico. No. 75, 2010. Disponível em: http://www.ambitojuridico.com.br/site/index.php?artigo_id=7601&n_link=revista_artigos_leitura. Acesso em: 03 mai. 2021.

SOCIEDADE BRASILEIRA DE PEDIATRIA. **O Juramento de Hipócrates e o Código de Ética Médica**. [*S. l.*] 2016. V. 6. N.1. Disponível em: http://residenciapediatrica.com.br/detalhes/194/o-juramento-de-hipocrates-e-o-codigo-deetica-medica. Acesso em: 03 mai. 2021.

TEPEDINO, Gustavo. A Responsabilidade médica na experiência brasileira contemporânea. **Revista Trimestral de Direito Civil.** 2000; 1 (2):44.

TOMASEVICIUS FILHO, Eduardo. O Código Civil na disciplina da pesquisa com seres humanos. Universidade de São Paulo, São Paulo, Brasil. **R. Dir. Sanit.**, São Paulo, v. 16, n.2, pp. 116-146, jul.-out. 2015.

UNIVERSIDADE FEDERAL DO RIO GRANDE DO SUL. **Código de Nuremberg**. Rio Grande do Sul, 1997. Disponível em: https://www.ufrgs.br/bioetica/nuremcod.htm. Acesso em: 03 mai. 2021.

www.ingramcontent.com/pod-product-compliance
Lightning Source LLC
Chambersburg PA
CBHW070136230526
45472CB00004B/1551